CHAMBORD.

IMP. E. DÉZAIRS, A BLOIS.

Cour du Château de Chambord

LE

CHATEAU
DE CHAMBORD,

PAR

L. DE LA SAUSSAYE,

QUATRIÈME ÉDITION,

REVUE ET AUGMENTÉE.

BLOIS,
CHEZ TOUS LES LIBRAIRES.

M. DCCC XLI.

« Tout l'édifice est admirable et
» rend vn regard merueilleusement
» superbe. »

Dv Cerceav.
(Bastiments de France.)

La grandeur et la variété des souvenirs qui se rattachent au château de Chambord, la majesté et la richesse de l'architecture de ce beau monument de la Renaissance excitent depuis plus de trois siècles la curiosité et l'admiration de tous, et ont enfanté une multitude d'ouvrages destinés à en retracer l'histoire. Ces diverses publications, tantôt riches de pensée et de style, et tantôt d'une concise simplicité; ornées de tout le luxe de la typographie et de la gravure, et s'élevant jusqu'au fastueux in-folio; ou, moins ambitieuses, se contentant du modeste in-douze; ou bien, parfois encore, l'expression politique d'un parti, se sont successivement épuisées devant l'incessante curiosité qu'inspire le château de Chambord.

Nous n'avons la prétention de remplacer ni les unes ni les autres. La brochure que nous publions aujourd'hui, modeste dans sa composition comme dans sa forme, ne s'adressera à aucun parti, et ambitionnera seulement de faire connaître Chambord par une description fidèle, et par un précis historique des divers événements dont les riches souvenirs l'animent encore; laissant au lecteur le soin de tirer telle conséquence qu'il lui plaira des faits présentés dans notre simple narration. Et si, d'aventure, il devine de quel côté se trouvent les sympathies de l'auteur, il devra lui savoir gré de les avoir oubliées, pour un instant, afin que son livre s'adressât indistinctement à tous. A tous ..... non. Les démolisseurs n'y trouveront pas l'estimation du plomb ou du fer, du bois ou de la pierre qui entrent dans la construction de Chambord.

Ce sera une nécessité, sans doute, de répéter beaucoup de choses dites avant nous; mais nous chercherons à y ajouter quelques faits nouveaux, afin de ne pas borner notre tâche à celle de simple compilateur, qui semble inévitablement réservée à celui qui arrive le dernier.

I

Le château de Chambord est situé à quatre lieues de Blois, dans une de ces plaines sablonneuses et humides, coupées de bois et de bruyères, qui composent la plus grande partie du territoire de la Sologne. Il se trouve à peu près au milieu d'un parc de cinq mille cinq cents hectares, dont l'étendue forme à elle seule une commune de quatre cents ames. Ce parc, entouré d'une muraille de plus de huit lieues de circuit, est traversé de l'est à l'ouest par la rivière du Cosson; et renferme un village, six fermes et quatre mille hectares de bois.

★

L'aspect général de Chambord, lorsqu'on l'examine de loin, a quelque chose de véritablement fantastique. Cet amas de flèches, de tourelles, de cheminées, qui dominent le monument et se mêlent sans se confondre, est ce qui frappe d'abord. La belle simplicité des lignes, les saillies heureuses des tours, la symétrie et la noblesse de l'ordonnance générale se développent à mesure que l'on s'approche, et l'immensité de l'édifice, que la beauté et l'harmonie de ses proportions empêchent l'œil d'apprécier exactement, étonne au dernier point lorsqu'on s'avance à travers cet assemblage prodigieux de salles, de galeries et d'escaliers qui se multiplient à chaque pas.

La disposition des bâtiments forme un carré-long, de cent cinquante-six mètres (80 toises), sur cent dix-sept (60 toises), dont les angles sont flanqués de quatre grosses tours de dix-neuf mètres et demi (60 pieds) de diamètre. Un second édifice, moins grand, aussi de forme carrée, et flanqué également de quatre grosses tours à toit pointu et terminé par une lanterne, est entouré, en partie, par les bâtiments du premier, et leurs deux façades, du côté du nord, se confondent en une seule que les quatre tours qui s'y rencontrent partagent en trois parties à peu près égales. Ces constructions dont le développement est immense, mais qui ne sont pas entièrement terminées, étaient jadis entourées de larges fossés d'eau vive, alimentés par la rivière qui coule à l'extrémité du parterre ; ils ont été comblés par le roi de Pologne, Stanislas, pendant son séjour à Chambord, ce qui a ôté au château quelque chose de sa physionomie originale et détruit la légèreté des bâtiments en les enterrant de plusieurs mètres.

On voit que le plan général de l'édifice rappelle celui de tous les châteaux du moyen-âge. Il se compose, comme eux, d'une vaste enceinte garnie de tours, qui forme le château proprement dit, et d'un pâté de bâtiments situé vers le milieu de l'enceinte, garni aussi de tours, que l'on appelait le *Donjon*, distinction fidèlement conservée dans les anciennes descriptions de Chambord. Au seizième siècle, cette ordonnance, anciennement imaginée comme système de défense, était encore usitée parce que c'était une forme consacrée, à laquelle l'habitude faisait conserver son empire, et les tours, devenues inoffensives, n'étaient plus qu'une décoration, fort incommode pour la distribution des appartements.

Le donjon, le morceau le plus important de Chambord, est divisé en quatre corps-de-logis par quatre grandes *Salles des Gardes*, ayant plus de douze mètres (50 pieds) de long, sur neuf trois quarts (30 pieds) de large, et formant une croix grecque. « Au milieu et centre, » dit Du Cerceau, en son curieux livre *Des plus » excellents Bastiments de France,* est un escalier » à deux montées, percé à jour, et entour iceluy » quatre salles, desquelles l'on va de l'une à l'au- » tre en le circuissant. » Ce grand escalier, à double vis, est le morceau capital du château de Chambord; c'est un chef-d'œuvre de l'art pour la hardiesse, les belles proportions et la variété des détails. Il faut surtout l'examiner des salles du deuxième étage, qui s'harmonisent mieux avec lui par la richesse de la décoration de leurs voûtes, partagées en caissons sur lesquels sont sculptés alternativement des salamandres et des F couronnés [1]. C'est au-dessus de ces voûtes, et au niveau des terrasses qui les recouvrent, que s'arrête la double rampe et commence le couronnement, en forme pyramidale, ayant trente-deux mètres (environ 100 pieds) de hauteur et du plus grand effet. Ce couronnement consiste en huit arcades accompagnées de colon-

---

[1] On sait que la salamandre était la devise adoptée par François Ier. Claude Paradin, en ses Emblêmes, nous fournit l'explication de la légende, NVTRISCO ET EXTINGVO. « La salamandre, dit-il, avec des flammes » de feu, estoit la devise de feu noble et magnifique roy » François, et aussi auparavant de Charles, comte d'An- » goulesme, son père. Pline dit que tel bestion, par sa » froidure, esteint le feu comme glace; autres disent » qu'il veut vivre en iceluy; et la commune voix qu'il » s'en paist. Tant y a qu'il me souvient avoir veu une » médaille en bronze dudit feu roy, peint en jeune ado- » lescent, au revers de laquelle estoit ceste devise de la » salemandre enflammée, avec ce mot italien : *Nudrisco* » *il buono, et spengo il reo*. [Je nourris le bon et j'é- » teins le méchant.] » Voy. Cl. Paradin, Devises Héroïques, p. 14.

nes et pilastres, d'environ huit mètres de haut, formant une colonnade qui supporte une autre ordonnance plus élevée, décorée d'une balustrade et se composant de huit contre-forts dont les amortissements sont ornés de F et de salamandres gigantesques. Ces arcs-boutants soutiennent la continuation du noyau à jour du grand escalier, dans lequel en circule un autre, plus petit et à une seule rampe depuis le niveau des terrasses, et qui conduit à un belvéder surmonté d'une campanille, l'un et l'autre d'une extrême légèreté et d'une grande richesse de détails. Le tout est couronné par une fleur de lys colossale en pierre, qui n'a pas moins de deux mètres de haut [1]. Chaque tour du donjon renferme aussi un escalier à vis, de trois mètres de diamètre, qui communique aux étages et entresols, au nombre de neuf.

Rien ne devait être d'un effet plus original, et plus grandiose en même temps, que l'escalier à double vis et les quatre salles qui l'entourent, si,

[1] Cette fleur de lys a été mutilée en 1831, comme nous le dirons plus loin.

comme on le croit, les planchers qui séparent ces salles, et coupent d'une manière désagréable l'escalier, n'existaient pas dans l'origine. La vérité de cette tradition locale nous a semblé démontrée par l'examen attentif que nous avons fait de cette partie du monument. Ainsi il est facile de voir que le manteau et les chambranles des cheminées placées aux étages supérieurs des salles, ont été construits après coup et appuyés seulement aux murailles; on remarque très bien aussi les raccords faits aux caissons des voûtes des terrasses, pour le passage des tuyaux de ces cheminées, et la coupure des balustrades de l'escalier, pour donner entrée dans les salles. Il semblerait même que les espèces de nefs résultant de la distribution primitive n'auraient pas été fermées d'abord à leurs extrémités; les fenêtres cintrées qui les terminent maintenant sont moins larges que celles qui les avoisinent, à droite et à gauche, l'espace s'étant trouvé trop étroit pour suivre les mêmes proportions, et les pierres dont elles sont construites ne sortent pas des mêmes carrières que celles des autres parties du donjon; la différence de couleur est très sensible, et il y a un raccord fort apparent au point de jonction de la dernière ordonnance des fenêtres avec les voûtes. Il est probable encore que si les murailles latérales des grandes salles n'avaient dû être que des murs de refend, on ne leur eût pas donné l'épaisseur qu'elles ont et qui se sera trouvée nécessaire si les quatre pavillons du donjon n'ont été d'abord réunis que par les voûtes des terrasses. Du reste, le style des raccords fait voir qu'ils ont été exécutés de bonne heure et du vivant même de François Ier, soit parce que l'on craignait pour la solidité de l'édifice, soit par tout autre motif que nous ignorons.

On dit aussi que les portes, ouvertes sur les grandes salles, aux étages supérieurs, existaient d'abord, et que des galeries en bois, auxquelles on montait par des rampes droites appuyées aux murailles, servaient pour y arriver. Nous ne croyons pas que cette distribution ait jamais été adoptée; les portes que l'on remarque au niveau des étages ont pu être facilement percées à l'époque de la construction des planchers, et chaque tour du donjon renfermant un escalier, on pouvait très bien se passer de ces rampes, de ces galeries et de ces portes. François 1er ayant fait subir beaucoup de modifications aux plans de Chambord, fournis en grand nombre, comme on le verra plus bas, et à l'édifice même, il ne serait pas étonnant que les souvenirs des uns et des autres se fussent confondus dans les traditions des gens du pays.

Dans les angles formés aux points de jonction de la façade et des ailes, du côté de la cour, et aux extrémités d'une galerie supportée par des arcades, communiquant du donjon aux ailes, s'élèvent deux magnifiques escaliers à jour. Ces escaliers sont décorés de trois ordonnances de colonnes, et d'une quatrième composée de trois cariatides, qui soutiennent une coupole ceinte d'une couronne royale colossale, et surmontée jadis d'une lanterne terminée par une fleur de lys en pierre.

Les colonnes en faisceau qui soutiennent les voûtes des coupoles sont d'un effet très gracieux. Les travaux de Chambord furent abandonnés avant que l'on eût placé les caissons de ces voûtes, dont la décoration aurait été, d'après le système général, composée de salamandres et de F couronnés, d'un côté, de croissants entrelacés et d'H couronnés de l'autre. On remarque en haut de l'escalier du nord et au linteau de la porte des combles, de ce côté, plusieurs sculptures délicates et d'une conservation parfaite.

La plupart des descriptions de Chambord, et les premières éditions de notre Notice elle-même, ont propagé une erreur qu'il importe de détruire. On a dit que les cariatides de l'escalier de la cour de l'est offraient les traits de François Ier, de la duchesse d'Etampes et de la comtesse de Châteaubriand; et que celles de l'escalier de la cour de l'ouest, restées inachevées, devaient représenter Henri II, la duchesse de Valentinois et la reine Catherine de Médicis, dont la place aurait été singulièrement choisie à côté de la maîtresse du roi. L'inconvenance extraordinaire dans l'idée qui aurait porté l'artiste à représenter sur un monument Henri II entre sa femme et sa maîtresse, et à faire figurer en cariatides, des rois, une reine et des dames de la cour, nous avait choqué dès le principe; mais nous n'avions pas cru devoir révoquer en doute un fait attesté par presque tous les écrivains qui nous avaient précédé. Nous nous sommes acquitté depuis d'un devoir que nous aurions dû remplir d'abord, celui d'examiner de près et attentivement ces cariatides. Nous avons reconnu, et tout le monde le reconnaîtra comme nous, qu'au lieu de deux statues de femme, sur l'escalier terminé, il n'y en a qu'une seule, et que ses traits n'offrent aucune ressemblance avec ceux qu'on nous a transmis de la duchesse d'Etampes ou de la comtesse de Châteaubriand; que les autres statues représentent deux hommes portant la barbe, telle qu'on la portait sous François Ier, mais ne rappellent en rien la figure si connue de ce monarque. Il y a tout sujet de penser que les cariatides de l'escalier de Henri II auraient été exécutées sur le même plan; mais le château de Chambord est tellement merveilleux, que tous les récits qui s'y rattachent ont déjà pris dans le pays les caractères de la légende, quoique son histoire soit encore peu éloignée de nous.

On dit à Chambord, et cela nous paraît assez vraisemblable, que les ailes du donjon n'étaient que des terrasses supportées par les galeries sur lesquelles s'élèvent aujourd'hui des pavillons. Cette ancienne ordonnance aurait été préférable; elle devait donner plus de légèreté aux escaliers à jour, et devait, en dégageant le donjon, le faire pyramider davantage.

Dans la tour de l'ouest est pratiquée la chapelle; sa voûte à plein-cintre est soutenue par des arcs-doubleaux dont les retombées portent sur des colonnes accouplées, appuyées aux murailles. Cette chapelle, d'une noble simplicité, est dans un état de conservation admirable; elle a été terminée par Henri II, et on remarque avec étonnement les emblêmes de Diane de Poitiers employés dans sa décoration.

A l'angle formé par la tour du nord et par la façade est appuyé, en hors-d'œuvre, un avant-corps-de-logis qui renferme, au premier étage, une petite chapelle, ou un oratoire, dont la voûte est ornée de cartouches semblables à ceux des salles des gardes du second étage, mais dans une plus petite proportion. Cet oratoire est une des parties les plus remarquables de l'édifice; il a malheureusement beaucoup souffert de la double injure de l'humidité et du badigeon.

Les bâtiments qui ferment les cours de toutes parts ne sont pas entièrement terminés, et une grande partie ne s'élève que jusqu'au premier étage, qui est couvert en mansardes. Le côté du midi, commencé sous Charles IX, a le grand inconvénient de masquer l'une des façades du château, façade bien plus pittoresque que celle qui donne sur la rivière [1]. M. de Caumont, s'exprime ainsi, à ce sujet, dans son excellent Cours d'Antiquités Monumentales :

« Quant à l'enceinte de bâtiments qui enclôt,
» du côté du midi, la cour du château, et masque
» si désagréablement la brillante façade du mo-

---

[1] Voyez, sur la planche placée en tête de cette Notice, la façade du sud, dégagée des bâtiments dont elle est masquée aujourd'hui. — Blondel a blâmé aussi ces constructions, *qui nuisent,* dit-il, *à l'effet pyramidal du monument.* « (Voir le Recueil contenant la description, les
» plans, les élévations et la coupe du château de Blois,
» levés par ordres de M. le marquis de Marigny, en 1760,
» etc., avec quelques observations sur les divers monuments
» répandus dans les villes d'Orléans, Tours, etc., » ms. g. in-f° de la Bibliothèque de l'Institut, n° 125, F.)

» nument, elle est évidemment d'une époque
» moins ancienne, et, bien certainement, elle
» n'était point dans le plan de l'architecte. C'est
» effectivement de ce côté que le château se pré-
» sente dans toute sa beauté; la partie centrale
» s'avance majestueusement dans la cour, se dé-
» tache, ainsi que les deux ailes, sur le fond des
» bâtiments, et donne à l'édifice un mouvement,
» un brillant que l'architecte se serait bien gardé
» de cacher par cette ligne monotone de con-
» structions sans intérêt, qui empêchent de voir
» le château à une distance convenable pour en
» bien saisir tout l'effet.[1] »

Nous attachons beaucoup d'importance aux observations faites sur les différences qui existent entre les anciens plans du château de Chambord et l'édifice actuel, surtout dans ce qui regarde le donjon, parce qu'elles nous semblent relever beaucoup le mérite de la conception première du monument.

Treize grands escaliers règnent de fond en

[1] Cours d'Antiquit. Monument., t. V., p. 362 et 363.

comble sur divers points de l'édifice, et il y en a une quantité d'autres, plus petits, prenant à différentes hauteurs, ou circulant dans l'épaisseur des murailles. Le nombre des pièces que le château contient s'élève à quatre cent quarante, toutes à cheminées, selon le luxe du temps. D'après une tradition populaire, commune à beaucoup de vieux palais, ce nombre ne serait que de *trois cent soixante-cinq*, comme celui des jours de l'année. La même tradition donne aussi à l'enceinte du parc de Chambord le chiffre sacramentel de *sept* lieues.

Tout l'édifice est construit en pierres de taille tendres, tirées presque toutes des côteaux du Cher, près de Bourré, dont elles portent le nom. Elles ont conservé leur blancheur, sur laquelle tranche le bleu des médaillons et losanges d'ardoise employés dans l'ornementation des combles du monument. Plusieurs chapiteaux, corniches et marches d'escaliers sont en pierre de Liais, d'Apremont et d'autres lieux.

Les chapiteaux, au nombre de plus de huit cents, de dessins différents, et les autres sculptures répandues dans le château sont, depuis que la Révolution l'a dévasté, les seuls détails à remarquer à l'intérieur, si somptueusement décoré jadis de tapisseries, de meubles et de peintures, parmi lesquelles on admirait surtout de belles fresques de la main de Jean Cousin, et une collection des portraits des savants grecs réfugiés en Italie après la prise de Constantinople. Les sculptures, encore très bien conservées, pour la plupart, sont très variées de forme et de dessin; mais dans toutes se retrouve un fond commun composé de salamandres, de F couronnés et de fleurs de lys. Dans les portions du château achevées par Henri II, on remarque l'H et le D enlacés au croissant de Diane de Poitiers [1]. Le Soleil

---

[1] On s'étonne généralement que Henri II ait osé placer son chiffre, uni à celui de sa maîtresse, sur tous les édifices qu'il fit construire, et jusque dans l'intérieur des chapelles de Chambord et de Vincennes; une médaille et des reliures de livres décorées du chiffre de Catherine de Médicis expliquent cette énigme, et détruisent toute idée d'un scandale public. Le chiffre qu'on voit sur ces monuments et qui montre un H et deux C entrelacés (*sic*) , est tout-à-fait semblable à celui de Henri II, si ce

de Louis XIV se voit aussi dans quelques endroits terminés par ce prince, et ces différents emblèmes subsistent encore sur plusieurs portes épaisses, échappées au vandalisme de 93.

La décoration extérieure du château est composée en entier de pilastres espacés, formant trois rangs d'étages qui soutiennent un entablement d'un travail recherché, mais un peu lourd.

Au reste, ce qu'il y a de plus remarquable dans l'architecture du château de Chambord, est l'ensemble parfait de toutes les parties qui composent le monument, plutôt que l'exécution, en général assez peu délicate, des objets de détail. On n'y trouve point de ces fines et gracieuses arabesques qui grimpent le long du fût des pi-

---

n'est que l'extrémité du C est distinguée avec intention, tandis que le chiffre du roi montrant les C étroitement unis à l'H, produit l'apparence de deux D (*sic*). Ce chiffre à double entente rappelle la devise (*impresa*) du roi, laquelle est *officiellement* un croissant avec ces mots: *Donec totum impleat orbem*; tandis que *mystérieusement*, le croissant rappelle le prénom de la duchesse de Valentinois.

(V. un article de M. Ch. Lenormant, dans la *Revue Numismatique*, 1841, n° 4.)

lastres, encadrent les caissons des voûtes, courent le long des frises des édifices élevés par les maîtres italiens, et imités ensuite par les architectes français. Le style de la Renaissance, emprunté à l'Italie, commence à paraître dans le château de Chambord, mais il a conservé une partie des formes de celui qui l'avait précédé, et de ce mélange, il est sorti une composition heureuse, originale, qu'on doit regarder comme le type de ce qui aurait pu devenir *l'art français* [1].

Il est à observer que le luxe de la décoration augmente à mesure que l'édifice s'élève, et que sa partie la plus admirable, celle où l'architecte

[1] Dans un travail très curieux sur l'ancienne abbaye de Thélème, M. Ch. Lenormant a dit avec raison que *l'Italie ne prit pied en France qu'après le traité de Cambray, en* 1529, et il a très bien remarqué, à propos du grand escalier de Chambord, que l'ordonnance des arcs-boutants et des deux lanternes superposées qui le termine extérieurement, *rappelle plus la hardiesse du style ogival que l'élégante pureté de la Renaissance.* (Rabelais et l'architecture de la Renaissance. Restitution de l'abbaye de Thélème, p. 9 et 25.)

a épuisé tous les prestiges de son art, est la partie des combles. C'est sur les terrasses qui entourent le couronnement du grand escalier que doivent s'arrêter les curieux, et que doit étudier l'artiste. Là, il faut apprécier l'homme dont le génie a dirigé la construction de ce prodigieux édifice. C'est sur le point le plus difficile à traiter qu'il s'est plu à répandre les ressources les plus riches de son imagination, et qu'il a imprimé un caractère d'originalité et de grandeur qui n'avait pas eu de modèle, et qui n'a pas été imité. Les cheminées, dont la distribution fait le désespoir de tous les architectes, maintenant que l'art dégénéré en a fait de longs tuyaux désagréables à la vue, sont ici de véritables monuments, groupés avec un bonheur infini, et qui concourent merveilleusement au pittoresque de l'effet pyramidal de l'édifice. Si celui-ci, dans ses parties inférieures, se rapproche du plan ordinaire des constructions du moyen-âge, il s'en éloigne totalement et acquiert le plus haut degré de nouveauté dans ce qui compose le couronnement du donjon et la coupole du grand escalier qui nous paraît la pièce capitale de l'architecture civile de la Renaissance.

On comprend facilement que Charles-Quint, visitant Chambord à une époque où il n'y avait encore que le donjon de terminé, ait pu le regarder comme *un abrégé de ce que peut effectuer l'industrie humaine* [1]. En 1577, l'ambassadeur des Vénitiens, Jérôme Lippomano, dont les yeux étaient habitués à comtempler les merveilleux palais de *Venise-la-Belle*, ne savait cependant par quelles expressions rendre compte de son admiration pour Chambord. « J'ai vu, dans ma vie, » disait-il, plusieurs constructions magnifiques, » jamais aucune plus belle ni plus riche.... L'inté- » rieur du parc, dans lequel le château est situé, » est rempli de forêts, de lacs, de ruisseaux, de » pâturages et de lieux de chasse, et au milieu » s'élève ce bel édifice, avec ses créneaux dorés, » ses ailes couvertes de plomb, ses pavillons, ses » terrasses et ses galeries, ainsi que nos poètes » romanciers décrivent le séjour de Morgane ou » d'Alcine.... Nous partîmes de là émerveillés, » ébahis, ou plutôt confondus [2]. » « Tout l'édi-

[1] D'Avity, Description générale de l'Europe, t. II, p. 394, édit. de 1660.

[2] *Partiti di questo luogo, ognuno pieno di meraviglia*

» fice est admirable, dit le bonhomme Du Cer-
» ceau, et rend un regard merueilleusement su-
» perbe à l'occasion de la multitude de la beson-
» gne qui y est ¹. » Le savant architecte Blondel
s'exprime ainsi en parlant du grand escalier :
« On ne peut trop admirer la légèreté de son
» ordonnance, la hardiesse de son exécution et
» la délicatesse de ses ornements ; perfection qui,
» aperçue de la plate-forme de ce château, frappe,
» étonne, et laisse à peine concevoir comment
» on a pu parvenir à imaginer un dessin aussi
» pittoresque, et comment on a pu le mettre en
» œuvre ². »

Pour consigner ici l'un des derniers témoignages d'admiration qu'ait excités la vue de

---

e di stupore, anzi di confusione. (Relations des ambassa-
deurs vénitiens, t. II, p. 300-302, de la Collection des
docum. inéd. sur l'Hist. de France.)

¹ Les plus Excellents Bastiments de France, t. I,
p. 158.

² Recueil ms. cité plus haut, p. 9.—On peut voir aussi
dans Palladio, l. 1, p. 60 et 61 de l'édit. de 1622, son
éloge du grand escalier de Chambord, qu'il traite de
bellissima e nova inventione.

Chambord, nous transcrirons ces lignes du *Journal de voyage* d'un spirituel étranger :

« Je ne connais rien à quoi je puisse comparer
» cette *fantaisie en pierre* : symétrie dans les traits
» principaux, peut-être heureusement interrom-
» pue parce que l'édifice n'a pas été complète-
» ment achevé; irrégularité dans la bizarrerie
» des ornements, toujours ravissants et du genre
» le plus varié ; une incroyable quantité de petits
» dômes, de campanilles, de cheminées de toutes
» les formes, dont partie sont revêtus de mosaï-
» ques en pierres de couleurs variées; fleurs de
» lys colossales, génies ailés, chevaliers armés de
» pied en cap, et debout sur les tourelles les plus
» élevées ; enfin la salamandre royale vomissant
» des flammes et serpentant au travers de tout cela,
» avec le gothique F qu'entoure de nœuds mys-
» tiques le cordon de saint François. . . . .
» . . . On ne se lasse point de parcourir ce pa-
» lais enchanté, qui vous surprend à chaque
» instant par un aspect nouveau; mais il devient
» plus fantastique encore lorsque la lune s'élève à
» l'horizon : à ses lueurs tremblantes toutes les
» proportions s'augmentent, les masques sem-

» blent grimacer, les statues se mouvoir, les ai-
» guilles dentelées se changer en blancs spectres.
» Je rêvais presque les yeux ouverts, et les scènes
» du passé reparaissaient vivantes et animées
» devant mes yeux [1]. »

Nous devons dire que notre description de Chambord est loin d'être complète ; nous avons voulu seulement en indiquer les principaux traits afin qu'ils servissent à aider le souvenir de ceux qui l'ont visité, et nous nous sommes abstenu, surtout, d'essayer une description pittoresque qui doit attendre, pour être digne du monument, la plume de Chateaubriand, de Hugo ou de Nodier.

Nous appellerons maintenant l'attention de nos lecteurs sur un point de discussion important, que nous traiterons ici à fond parce que personne ne l'a fait avant nous. Il s'agit de rechercher si le château de Chambord est bien, comme on le croit aujourd'hui, l'œuvre du Primatice.

[1] Journal de voyage du prince Puckler Muskau, t. II, p. 35 et 37.

La postérité a pensé que ce n'était pas trop du patronage de ce nom puissant pour un édifice aussi magnifique. Ce fait, qui n'est rien moins que prouvé, a passé pour constant parmi les auteurs modernes qui ont parlé de Chambord. Nous ne voyons que MM. Gilbert [1] et Vergnaud-Romagnési [2] qui aient refusé de suivre l'opinion commune à cet égard. Le premier se fonde sur ce que le style du monument indique *le passage du goût gothique à celui de la renaissance*, forme que le Primatice aurait repoussée pour s'en tenir à l'imitation plus sévère de l'art antique. Les motifs de M. Vergnaud sont encore plus concluants et résultent de la date bien positive du premier voyage du Primatice en France, qui eut lieu en 1531, cinq ans après le commencement du château de Chambord, ou même huit, si l'on accepte la date de 1523, que plusieurs écrivains lui ont assignée. M. Vergnaud pense qu'il pourrait bien être l'œuvre d'*il Rosso*, ou *Maître Roux*,

---

[1] Notice historique et descriptive du château de Chambord. Blois, 1822, p. 7.

[2] Notice sur le château de Chambord, etc. Paris, 1832, p. 10.

comme on l'appelait en France, Intendant Général des Bâtiments; opinion qu'il n'appuie, du reste, d'aucunes preuves. Quant au sentiment de quelques anciens auteurs qui attribuaient Chambord à Vignole, il ne saurait supporter l'examen; car ce célèbre architecte ne vint en France qu'en 1540, époque à laquelle le donjon était terminé [1].

Aucun des anciens historiens qui ont parlé de Chambord n'a cité le Primatice comme auteur du plan de ce château; ni Du Cerceau, architecte orléanais, qui vivait du temps du Primatice; ni Du Chesne, dans ses *Châteaux de France*, ni Bernier, historien du Blésois. C'est probablement Le Rouge [2] qui le cite pour la première fois, avec l'accent du doute; et le savant architecte Blondel [3] aura contribué ensuite, par la puissante autorité de son assertion, à établir la croyance re-

---

[1] Le chapiteau d'un pilastre de la coupole porte la date de 1533.

[2] Description de Chambord, g. in-f°. Paris, 1750, pl. 1.

[3] Architecture françoise, t. VI, et Recueil ms. de la Bibliothèque de l'Institut, p. 8.

çue maintenant. Quant à Maître Roux, personne n'avait encore pensé à lui, et si M. Vergnaud est le premier qui l'ait cité, c'est que l'esprit de critique qui le dirigeait ne lui permettant pas d'attribuer Chambord au Primatice, il lui fallait trouver quelque nom célèbre pour remplacer celui qu'il était forcé de répudier. Au surplus, aucun de ces auteurs n'apporte de preuves en faveur de son sentiment; M. Vergnaud conjecture seulement que Le Rosso, qui dirigeait toutes les constructions royales, et d'autres artistes italiens dont il était entouré, conçurent et exécutèrent le plan de Chambord ; mais Le Rosso, lui-même, n'avait précédé le Primatice en France que d'une année [1].

Si notre amour pour le pays ne nous égare pas, nous croirons plutôt, avec Félibien, Bernier et plusieurs autres, que ce fut l'ouvrage d'un artiste blésois dout le nom est resté ignoré. Nous allons donner, nous ne dirons pas des conjectures, mais presque des preuves à l'appui

---

[1] Voir la Biographie Michaud, et tous les écrits qui ont été publiés sur les plus célèbres peintres et architectes.

de notre assertion. Voici ce que dit André Félibien, à ce sujet, dans ses mémoires manuscrits, *sur les maisons royalles de France*, datés de 1681 [1] :

« François Ier fist faire plusieurs dessins pour
» le bastiment [de Chambord] avant que de rien
» entreprendre. » (Ici il réfute l'opinion qui l'attribuait à Vignole, par la date de son arrivée en France, en 1540.) « D'autres ont pensé plus
» probablement que celui qui en donna le dessin
» et conduisit l'ouvrage estoit de Blois, et demeu-
» roit dans une maison qui appartient aujour-
» d'hui à M. de Fougères, parce que cette mai-
» son est bastie du temps et à la manière de
» Chambord, et que ce fut là qu'il fist un pre-
» mier modèle du chasteau pour le monstrer
» au roy. Il est vray que l'on voit encore dans la
» mesme maison un modèle de bois assez bien
» taillé, et dont chaque face a quatre pieds de
» long, etc.

» Ce modèle représente *un grand bastiment*

[1] Ms. in-f° de la bibliothèque du château de Cheverny, avec les dessins autographes de Félibien.

» *carré, ayant quatre tours aux quatre coins et qua-*
» *tre principaux appartements séparez par l'es-*
» *calier, et par trois grandes salles qui, avec la*
» *place de l'escalier font une croix.* La quantité
» de ces pièces, leur distribution approche beau-
» coup de ce que l'on voit d'exécuté à Chambord,
» hormis l'escalier du modèle qui est tout diffé-
» rent, etc.

» Le modèle a trois étages. Aux costez des por-
» tes de la face de devant, il y a deux espèces de
» petites tours à pans, et qui s'eslevent jusques
» au haut du bastiment. Toutes les fenestres sont
» en arcades..... Cependant on doit juger par ce
» modèle comme les premières pensées ne sont
» pas toujours suivies, mais qu'elles sont très
» souvent ou rejettées ou rectifiées. »

Nous ajouterons que ce modèle en bois, dont le dessin a été donné par Félibien, fait voir que toute la partie extérieure de la construction était ornée de pilastres espacés, comme dans l'édifice qui subsiste actuellement. La vue de ce dessin nous donne encore à penser que l'on eut d'abord l'intention seulement d'élever le groupe de bâtiments qui reçut depuis le nom de donjon, quand, les idées du roi, ou celles de l'architecte, s'étant agrandies, on eut ajouté au plan primitif les ailes qui le prolongent et l'entourent. Le château était déjà complet sans cela, et d'après les plans habituels au moyen-âge; la tour du grand escalier remplaçait le donjon féodal, qui ne se composait anciennement que d'une tour plus élevée et plus forte que le reste des constructions dont elle occupait ordinairement le centre [1].

Voici maintenant ce que dit Bernier, dans son *Histoire de Blois*, publiée en 1682 :

« Quelques uns ont cru que Vignolles donna
» le plan de ce bastiment, à quoi il n'y a point du
» tout d'apparence, *mais il est assuré que celui*
» *qui le donna et qui le conduisit avoit une maison*
» *à Blois*, qui subsiste encore à présent au quar-
» tier de la Foullerie. On y voit même des restes
» du modèle de Chambord, fait en menuiserie....

---

[1] La tour du donjon était le chef-lieu du fief : les comtes de Blois étaient seigneurs du Blésois *à cause de leur Tour de Blois*, et le roi de France exerçait la suzeraineté *à cause de sa Tour du Louvre*.

» Il y a encore à Blois chez quelques particuliers
« des plans de tout l'édifice; mais ils ne sont
» conformes ni au modèle dont nous venons de
» parler, ni aux dessins qu'on voit dans Du Cer-
» ceau [1]. »

Voilà deux témoignages bien unanimes, et on doit remarquer que la description que donne Félibien du plan de l'artiste de Blois offre de grands rapports avec le donjon du château actuel. Il y avait de plus, à la vérité, *les deux tourelles à pans*, qui, devant être d'un effet peu gracieux, auront été supprimées avec raison, et il y manque l'escalier à double rampe; mais on peut croire que l'idée en vint plus tard à l'architecte, et que le modèle en bois n'était, comme le dit Félibien, que sa première pensée qui fut ensuite modifiée.

Nous conclurons de tout ceci, que ni le Rosso, ni le Primatice n'ont pu diriger la construction de Chambord, le premier n'étant venu en France que quatre ans après que l'on eut commencé l'édifice, et le second y étant arrivé

[1] Histoire de Blois, p. 83.

une année encore plus tard. En outre, on connaît à peu près les travaux exécutés par eux, et l'on n'eût certainement pas omis le château de Chambord dans la liste. Cet oubli s'accorderait mal d'ailleurs avec la vanité de ces maîtres, qui est assez connue ; ils n'auraient pas, à-coup-sûr, négligé de faire parvenir à la postérité le souvenir de ce qui eût été près d'elle un de leurs plus beaux titres de gloire. Enfin, si un monument aussi magnifique eût été dû au génie de l'un des maîtres célèbres du XVIe siècle, nous le saurions positivement aujourd'hui; l'obscurité dans laquelle est resté le véritable auteur sert encore à nous convaincre que ce fut un homme de la province qui conçut ce bel ouvrage; la jalousie des architectes de la cour empêcha, sans doute, le nom de cet artiste modeste de venir jusqu'à nous.

On se refusera peut-être à croire qu'il pût se rencontrer alors à Blois un homme capable d'une création architecturale telle que Chambord. Nous répondrons que le grand nombre de châteaux et d'hôtels construits dans le Blésois, pendant le XVe siècle, par les ducs d'Orléans,

Louis XII et les seigneurs de leurs cours, avaient dû former beaucoup d'architectes. Nous ajouterons que les maîtres italiens qui venaient en France, se faisaient seconder par des artistes français, et qu'à leur école s'élevaient de nombreux disciples. C'est ainsi que le Rosso, par exemple, faisait travailler sous sa direction, à Fontainebleau, Simon et Claude, de Paris; Laurent, le Picard; François, d'Orléans, et plusieurs autres.

Un de ces architectes nationaux dont les noms furent éclipsés par ceux des grands artistes italiens, et que nous sommes heureux de faire sortir aujourd'hui de son obscurité, était *Pierre Nepveu, dit Trinqueau, maistre de l'œuvre de maçonnerie du baptisment du chastel de Chambord.* Son nom et sa qualité sont cités ainsi plusieurs fois dans différents actes dont je dois la communication à mon ami et collègue, M. Cartier, d'Amboise[1]. Il ne faut pas croire que ce titre de *maî-*

---

[1] Terrier de la baronnie d'Amboise, p. 173, cotte 258 *bis.*, année 1536, et p. 751, cotte 1015, année 1556. — D'après M. Cartier, Pierre Trinqueau aurait été appelé à Amboise par Charles VIII, lorsqu'il fit commencer le château, vers 1496; il y serait resté sous le règne

tre de l'œuvre de maçonnerie ne comportât pas la valeur que nous lui assignons, de célèbres architectes du moyen-âge ont été souvent désignés comme des *maîtres maçons*.

On trouvera encore une preuve du développement que devait avoir acquis l'art dans le Blésois, en se rappelant tous ces différents modèles présentés au roi, pour Chambord, et qui se voyaient encore à Blois du temps de Bernier. Il n'en subsiste aucun maintenant, et nous nous souvenons seulement d'avoir vu, il y a long-temps, dans la Salle-des-Gardes du château de Cheverny, un modèle des rampes du grand escalier, sans que nous puissions dire maintenant si ce modèle semblait plus ancien ou plus moderne que la construction de Chambord. Quant à la maison de l'artiste blésois, si vantée par Bernier et Félibien, nous avions cru la reconnaitre dans celle, n° 9, de la rue du Poids-le-Roy. Elle est d'un très bon

---

de Louis XII, y aurait acheté des propriétés, comme le prouve le Terrier d'Amboise, puis il serait revenu dans le Blésois pour la construction du château de Chambord. Peut-être même ne fut-il pas étranger aux travaux exécutés à celui de Blois, sous Louis XII et François Ier.

style, la façade *à trois étages* est décorée d'une ordonnance de *pilastres espacés*, comme le château de Chambord, et le modèle en bois dont parlent nos deux auteurs; mais nous avons découvert, depuis, la date un peu récente de 1570, sur l'un des chapiteaux des pilastres [1].

Nous espérons que cette longue digression ne paraîtra peut-être pas hors de propos dans la bouche d'un Blésois, puisqu'elle a pour but de restituer au pays une de ses illustrations.

Il nous reste à raconter les principaux faits historiques qui se rattachent au domaine de Chambord, depuis l'époque la plus reculée jusqu'à nos jours.

---

[1] Cette maison, dont les pierres étaient du ton de vétusté le plus harmonieux, vient de recevoir l'outrage du badigeon, en attendant celui de l'enlèvement des pilastres, qui ne peut manquer de lui arriver comme à tous nos anciens hôtels de Blois, si remarquables naguère par le luxe de leur décoration architecturale.

II

Avant que François Ier eût fait construire le château de Chambord, il y avait déjà, dans le même lieu, un vieil édifice qui était, dès le XIIe siècle, une maison de plaisance, habitée souvent par les anciens comtes de Blois des maisons de Champagne et de Châtillon[1]. Bernier, dans son Histoire de Blois [2], cite une charte de 1190, donnée par Thibauld-le-Bon, et datée de Chambord que l'on appelait aussi alors Chambord-Montfrault, du nom d'une autre maison encore

[1] Registres de la chambre des comptes de Blois, cités par Bernier, Histoire de Blois, p. 82.
[2] *Ibid.*

plus ancienne [1], située à l'une des extrémités du parc, vers l'endroit où est maintenant le *Pavillon de Montfrault* [2].

L'antiquité des souvenirs de ce château, qui fut aussi habité par les comtes de Blois avant celui de Chambord, se perd dans une vieille tradition populaire semblable à celle du *Chasseur-Noir*, si répandue dans le nord de l'Europe, et empruntant, dans chaque pays, le nom de quelque personnage redoutable qui l'habitait à une époque reculée, et dont la mémoire subsiste encore. Lorsque le craintif Solognot, ayant marché sur *l'herbe qui égare*, se trouve vers minuit près du pavillon de Montfrault, il est exposé à rencontrer la figure effrayante d'un chasseur nocturne, habillé de noir et accompagné de

---

[1] Bernier, Histoire de Blois, p. 85.

[2] Dans plusieurs chartes, le nom de ce château est ainsi orthographié : *Montferaut*, ce qui l'a fait prendre par le savant Duchesne, dans son Histoire de la maison de Châtillon, pour la ville de *Montferrant* en Auvergne (V. le Catalogue des archives municipales de Blois, fonds Joursanvault, par M. de Pétigny, notamment les n°s 81 et 99, années 1343 et 1345).

chiens noirs, qui n'est autre que Thibault de Champagne, dit *le Vieux* et *le Tricheur*, premier comte héréditaire de Blois, et l'un des types les plus complets de ces barons de fer des premiers temps de la féodalité. C'est encore lui que, pendant les belles nuits d'automne, on entend partir, à grand bruit d'hommes, de chevaux, de chiens et de cors, pour chasser à travers les airs et se rendre aux ruines du château de Bury [1], où se fait la halte, et d'où il revient ensuite à Montfrault. Les mêmes bruits qui se sont fait entendre au départ continuent pendant tout le temps de la chasse aérienne, sans que l'on puisse apercevoir ni chevaux, ni chiens, ni chasseurs [2].

[1] Bury était un magnifique château qu'a détruit la main des hommes. Les constructions dont on voit maintenant les ruines avaient été élevées par Florimond Robertet, secrétaire-d'état sous François Ier; mais il y avait antérieurement, et à la même place, une ancienne forteresse dont il est question, dès l'an 1148, dans les guerres des comtes de Blois et des seigneurs de Chaumont-sur-Loire (V. *Acher. Spicil.*, t. III, éd. in-f°, et une excellente Notice de M. Naudin, aux Mém. de la Soc. acad. de Blois, t. II.)

[2] Cette chasse nocturne porte dans le pays le nom de

L'an 1211, Catherine de Clermont, veuve du comte de Blois, Louis de Champagne, tué en 1205 à la bataille d'Andrinople, signait une charte à Chambord, par laquelle elle restituait à la corporation des changeurs de la ville de Blois les *étaux* ou boutiques dont elle avait disposé en faveur d'individus étrangers à la corporation, pendant qu'elle administrait le comté, en la minorité de son fils, Thibault VI [1]. Les auteurs de l'Art de vérifier les dates se bornent à dire qu'elle vivait encore en 1208; l'acte que nous citons prouve qu'elle vivait encore en 1211; mais qu'elle s'était retirée à Chambord, après avoir remis le gouvernement du comté de Blois à son fils [2].

En 1214, par une autre charte, datée égale-

Chasse du comte Thibault, et aussi celui de *Chasse-Machabée*, qui rappelle la *danse macabrée* ou *macabre*, qui eut tant de popularité dans le moyen-âge. La Touraine a sa *Chasse du roi Hugon*, le Poitou sa *Chasse-galerie*, etc.

[1] *Cum tenerem regimen et dominium terræ Blesis.* — Les *étaux* des changeurs étaient situés dans le quartier de Blois appelé encore aujourd'hui *Le Change*.

[2] J. de Pétigny, Catal. des Archiv. municip. de Blois, fonds Joursanvault, n° 5.

ment de Chambord, Thibault VI confirmait les libertés et priviléges des changeurs de Blois [1].

Le comté de Blois passa de la maison de Champagne à celle de Châtillon, en 1230, par le mariage de Marie d'Avesnes, petite-fille de Thibault-le-Bon, avec Hugues de Châtillon, comte de Saint-Pol.

Jean de Châtillon, fils de Hugues, mourut à Chambord le 5 mai 1280; son corps fut porté processionnellement jusqu'à l'abbaye de la Guiche qu'il avait fondée, à trois lieues de Blois, sur la rive droite de la Loire. Le convoi dura deux jours; il était suivi par Pierre de France, gendre du comte de Blois, par le comte d'Alençon, par plusieurs autres puissants seigneurs, et par les abbés des principaux monastères des en-

---

[1] Parmi leurs priviléges, se trouvait celui de posséder héréditairement *leurs étaux* et de pouvoir les vendre. En outre, nul ne pouvait exercer l'état de changeur s'il ne possédait un étal, par droit héréditaire ou par achat, avec l'agrément de la corporation, qui était, comme on voit, constituée alors à peu près comme l'ont aujourd'hui celles des avoués et des notaires. (J. de Pétigny, *ibid.*)

virons. Les frais des funérailles s'élevèrent à 35,000 livres, selon les registres de l'abbaye de la Guiche, somme évidemment exagérée, à moins que dans ces registres, qui sont assez modernes, on n'ait converti en monnaie du temps la somme dépensée en 1280[1].

Les souvenirs historiques relatifs à Chambord sont rares avant l'époque de François Ier. Nous ne trouvons rien à recueillir depuis 1280 jusqu'à 1356. Une lettre datée du 26 juillet de cette année, et conservée dans les archives de la ville

---

[1] Le marc d'argent ne valant que 54 sols en 1280, les 35,000 livres dépensées pour les funérailles du comte Jean, représenteraient environ 700,000 fr. de notre monnaie. — Depuis l'inhumation de Jean de Châtillon, l'abbaye de la Guiche devint le lieu habituel de sépulture des comtes de Blois de la même maison. Les tombeaux qu'elle renfermait furent violés et mutilés, à deux fois différentes, par les calvinistes à l'époque des guerres de religion, et pendant la Révolution. Deux d'entre eux ont pu être restaurés par les soins de M. Pardessus, notaire du domaine de Chambord et propriétaire de la Guiche; l'un est celui du fondateur, l'autre celui de Gui de Châtillon, premier du nom, l'un de ses successeurs.

de Blois, nous fait connaître, pour la première fois, le nom et le titre de la personne chargée de la garde de Chambord. Dans cette lettre, le sieur de Becond, gouverneur de la comté de Blois, annonce à Hugues de Barbançon, *châtelain* de Chambord, l'envoi de plusieurs soldats, pour la garde du château, et le prie de lui en renvoyer d'autres en échange [1]. Le royaume était alors ravagé par les armées anglaises et les *grandes compagnies*; le château de Chambord, comme celui de Blois, avait dû être mis en état de défendre les approches de la Loire [2].

Plusieurs prisonniers anglais y furent enfermés en 1359, ainsi que nous l'apprend une autre pièce de la même collection [3].

Les archives municipales de Blois nous fournissent les noms de plusieurs des châtelains successifs de Chambord, depuis 1356 jusqu'à 1382.

---

[1] Arch. de la ville de Blois, fonds Joursanvault, n° 263 *bis.*

[2] Voir notre Histoire du Château de Blois, p. 68 de l'édit. in-18, et p. 36 de l'édit. in-4°

[3] Arch. de la ville de Blois, n° 370 *bis.*

Ce furent, après Hugues de Barbançon, Regnault de Plainvilliers (1359-1361), Guillaume de Mosne (1362-1363), et Johan Vigreux (1366-1382) [1]. Les trois premiers recevaient trente écus d'or de *gages*, par année, et le dernier, quarante livres ; mais à la condition de payer toute la dépense nécessaire pour la garde du château [2]. Il est probable, néanmoins, que cette clause existait pour les autres châtelains, quoiqu'elle ne se trouve énoncée que dans une seule pièce [3].

[1] Arch. munic. de Blois, aux années citées.

[2] « Pour garder le dit chastel de Chambort à mes fraiz. » (Arch. munic. de Blois, n° 612 *bis.*)

[3] Les écus d'or, ou plutôt les deniers d'or à l'écu, de 54 au marc, à la fin du règne de Jean, vers 1360, étaient tarifés à 26 s. Ainsi les 30 écus d'or valaient 39 l. de monnaie courante. Ces écus furent remplacés par des francs d'or, de 63 au marc, courant pour 20 s. Les *gages* de 40 l. ou de 40 francs d'or, sous Charles V, qui remit les monnaies sur un bon pied, valaient donc plus que les 30 écus d'or de Jean ou leur équivalent de faible monnaie. La valeur intrinsèque actuelle des 30 deniers à l'écu serait de 400 fr. environ, et 40 francs d'or, ou royaux,

En 1397, le château de Chambord entre, avec le comté de Blois, dans la possession de la maison d'Orléans, par la mort de Gui de Châtillon, qui l'avait vendu à Louis d'Orléans, frère du roi Charles VI.

Sous les ducs d'Orléans, nous n'entendons plus parler de châtelains de Chambord, mais seulement de *capitaines*, et nous trouvons successivement les noms de Macé de Villebresme (1416-1419), Louis de Villars (1420), Philippe du Mesnil-Regnard (1420-1428), Gilles des Ormes (1428), Guillaume Gueret (1434-1440), Hemery (1448), et Jehan Davy (1448-1450)[1]. Les gages de ces capitaines n'étaient que de dix livres par an [2].

En 1424, Gacian de Saint-André, maître de

de Charles V, ou des premières années de Charles VI, valent aujourd'hui à peu près 500 fr.

[1] Arch. munic. de Blois, aux années citées.

[2] De 1416 à 1450 les monnaies ont tellement varié qu'il est difficile d'apprécier exactement la valeur actuelle de 10 l. d'alors. Le prix moyen du marc d'argent pouvant être estimé à 9 l., ou six fois moins qu'aujourd'hui, les 10 livres représenteraient environ 60 francs.

l'artillerie du duc Charles d'Orléans, alors prisonnier en Angleterre, envoyait à Philippe du Mesnil-Regnard *ung canon portant pierre de quatre livres pesant, quatre lances ferrées et afustées, et une casse de viretons de trait communs pour la seurté et deffense du chastel de Chambort* [1]. Les Anglais avaient alors envahi presque tout le territoire français ; les derniers moyens de résistance étaient concentrés dans Orléans et les provinces situées sur la rive gauche de la Loire. Chambord fut une de ces forteresses qui maintinrent libre cette rive du fleuve, et permirent à l'armée de Jeanne d'Arc d'arriver sous les murs d'Orléans.

En 1498, Chambord fut réuni au domaine de la couronne, lorsque Louis d'Orléans, vingt-troisième comte héréditaire de Blois, monta sur le trône de France, sous le nom de Louis XII.

---

[1] Arch. municip. de Blois, à l'année 1424.—Les projectiles de pierre étaient alors à peu près les seuls en usage pour les armes à feu non portatives; les *viretons de trait* étaient des flèches.

Chambord était alors abandonné, et ne servait plus que de rendez-vous de chasse. La maison de plaisance des anciens comtes de Blois n'était, comme on l'a vu, qu'un château-fort, selon l'usage et la nécessité des temps où elle avait été construite; et son nom, tel qu'on le trouve souvent écrit jusqu'à la fin du XVIIe siècle, *Chambourg* ou *Chamborg*[1], indique suffisamment, par sa terminaison, un lieu fortifié[2]. Les murailles épaisses et les galeries obscures de la vieille construction féodale ne pouvaient offrir rien d'agréable aux brillants princes de la maison d'Orléans. Leur goût, éclairé par des rapports fréquents avec l'Italie depuis le mariage de Louis, aïeul de Louis XII, avec Valentine de Milan, leur faisait rechercher des habitations plus élégantes, et telles que les bâtissaient les artistes italiens, dans le style pittoresque qui précéda celui de la Renaissance.

Les historiens varient sur la date de la recon-

---

[1] V. Du Cerceau, L'Etoile, And. Félibien et autres.
[2] *Castellum parvum, quod* burgum *vocant* (Veget. De re militari, lib. IV.)

struction du château de Chambord par François Ier ; quelques-uns pensent qu'il la fit commencer en 1523[1], et d'autres que ce fut en 1526[2], après son retour de captivité. Cette date est fixée incontestablement par les lettres-patentes, données à Chambord, le 1er octobre de la même année, pour la nomination de messire de Chauvigny, comme intendant général des travaux, aux appointements de 1,000 livres, et de messire Raymond Forget, comme trésorier et payeur général, avec les mêmes appointements [3]. Si l'on s'étonne de voir François 1er choisir pour la belle construction qu'il projetait un lieu aussi triste et aussi sauvage, tandis qu'à peu de distance les riches coteaux de la Loire offraient une multitude de positions admirables, il faut se rappeler la passion de ce prince pour la chasse, et aussi une autre circonstance d'un bien

[1] Le Rouge, Merle.
[2] And. Félibien, Bernier, Gilbert, Vergnaud-Romagnési.
[3] Registres de la chambre des comptes de Blois. — And. Félibien ; Mém. mss. sur les maisons royales.

grand pouvoir sur l'esprit du roi chevalier : le souvenir des visites qu'il faisait, n'étant encore que comte d'Angoulême, au manoir de la belle comtesse de Thoury, situé dans le voisinage, souvenir de premières amours. Il fit ainsi bâtir le château de Challuau, *à cause qu'aux bois prochains il y avoit grande quantité de cerfs* [1], et le pavillon de Folembray dut son origine au souvenir d'une conquête amoureuse du roi [2].

François Ier poussa avec une grande activité les travaux de Chambord, et dix-huit cents ouvriers y furent employés, dit-on, pendant plus de douze ans [3]. Les Mémoires manuscrits d'André Félibien, sur les maisons royales de France, renferment des détails curieux sur les dépenses faites pour la construction de l'édifice. On y voit que les sommes employées depuis 1526 jusqu'en 1547, année de la mort de François Ier, s'élevèrent à 444,570 livres 6 sous 4 deniers tournois.

---

[1] Du Cerceau ; Les plus excellents bastiments de France, t. II, p. 7.

[2] Chambord, par M. Merle, p. 13.

[3] Bernier, Hist. de Blois, p. 82.

Les maçons gagnaient 3 sous 2 deniers par jour; les charpentiers, 4 sous 2 deniers; les charrois à trois chevaux étaient payés 15 sous; ces chapiteaux, dont la variété des ornements est si admirée, coûtaient 27 sous à faire sculpter; les losanges des vitraux étaient payés 10 deniers la pièce. Combien donneraient aujourd'hui les curieux de celui sur lequel était gravé le distique si connu : *Souvent femme varie*...............? Les *maçons* chargés de donner les dessins et de diriger les travaux gagnaient 20 sous et 27 sous 6 deniers par jour. Ce titre de maçon avait alors, comme nous l'avons déjà dit plus haut, une tout autre valeur qu'à présent et s'appliquait parfois à des hommes du mérite le plus éminent.

Au surplus, ces divers salaires, qui nous paraissent si faibles aujourd'hui, étant convertis en monnaie de nos jours, eu égard à la différence de valeur du marc d'argent et à celle du prix des denrées, représenteraient des sommes plus rapprochées de celles qu'il faudrait dépenser de notre temps pour élever un édifice semblable à celui de Chambord [1]. S'il y avait de

---

[1] La valeur moyenne du marc d'argent était de 14 fr.,

véritables difficultés à l'entreprendre, elles résulteraient de la rareté des bois de construction, et de la rareté plus grande encore d'ouvriers habiles pour l'exécution de cette multitude de détails variés que comportait l'architecture d'alors.

Les appartements de François Ier étaient dans l'aile du château appelée depuis du nom de la famille d'Orléans qui l'avait habitée. Les ornements de sculpture sont plus nombreux dans l'aile d'Orléans que dans les autres parties de l'édifice, et le roi affectionnait surtout la tour qui la termine. Là se trouve cet avant-corps-de-logis dont nous avons parlé plus haut, et qui semble avoir été ajouté après coup; on y remarque un escalier à deux montées, dans une gale-

---

sous le règne de François Ier, et de 54 fr. 40 c. aujourd'hui, la somme de 444,570 liv. 6 s. 4 d., dépensée par François Ier, dans la construction de Chambord, équivaut à celle de 1,727,473 fr. 20 c. Les 3 s. 2 d., que se payait la journée d'un maçon, représentent 61 c.; les 27 s., que coûtait la sculpture des chapiteaux, feraient aujourd'hui 5 fr. 20 c.; les losanges des fenêtres vaudraient environ 88 c., etc. On peut évaluer à 2 fr. 50 c. le prix du setier de blé sous François Ier.

rie souterraine au-dessous de l'oratoire, et communiquant, par une issue secrète, avec les fossés du château. La terrasse qui surmonte ce petit édifice, et tenait à la chambre à coucher du roi, était un des lieux du château qui lui plaisait le plus ; il aimait à y venir, dans les belles nuits d'été, passer plusieurs heures à deviser avec quelques seigneurs et quelques dames de sa suite, que l'on appelait *la petite bande de la cour* [1]. Les escaliers secrets, les galeries obscures ont été sans doute multipliés à dessein, de ce côté du château, afin de protéger les intrigues amoureuses et les rendez-vous mystérieux de la cour galante de François Ier.

Quand Charles-Quint traversa la France, en 1539, il vit Chambord dans toute sa splendeur, et nous avons déjà cité les expressions de son admiration. « Il y passa quelques jours, dit d'Avi-
» ty, pour la délectation de la chasse aux daims
» qui estoient là dans un des plus beaux parcs
» de France, et à très grande foison [2]. »

---

[1] Chambord, par M. Merle, p. 45.
[2] Bernier, Hist. de Blois, p. 82.

Claude Chapuis, valet de chambre du roi, dans son poème sur le voyage de Charles-Quint en France, a consacré ces mauvais vers au séjour de l'empereur à Chambord :

« Et de Chambort le chasteau magnificque,
» Qui des ouvriers a vaincu la praticque
» Et l'industrie, et qui est de nature
» OEuvre jugé plus que d'architecture,
» Pour l'empereur, en ses salles superbes,
» Brusle senteurs et répand fleurs et herbes [1]. »

François Ier, dans les dernières années de sa vie, visitait souvent Chambord, accompagné de sa sœur, la reine de Navarre, qu'il appelait *sa Marguerite des Marguerites* [2], et pour laquelle il eut toujours la plus grande tendresse. Elle le quittait rarement alors ; son esprit délicat et enjoué était une source de distraction pour le roi, vieilli avant l'âge, et sujet à de fréquents accès de mélancolie. Elle était avec lui lorsque, dans un de ces moments d'humeur sombre, se rappelant le

[1] V. les Mém. de du Bellay, t. VI, p. 409 de l'édit. 1753, aux pièces justificatives.

[2] *Margarita*, en latin, signifie *perle*.

temps où ses succès auprès des femmes étaient plus sûrs et plus durables, il écrivit sur un des vitraux de sa chambre à coucher, avec la pointe d'un brillant qu'il portait à son doigt, ces deux vers si souvent cités depuis :

« Souvent femme varie,
» Bien fol est qui s'y fie. »

On dit que Louis XIV, dans une disposition d'esprit différente, parce qu'il était alors jeune et heureux, sacrifia à madame de la Vallière les vers satyriques du roi vieux et désabusé.

Chambord, de forteresse devenu palais, ne devait plus être commandé ni par un châtelain ni par un capitaine. Nous voyons sous François Ier paraître la charge nouvelle de gouverneur de Chambord; et chose particulière, dont les habitudes de galanterie du roi peuvent nous fournir seules le motif, nous voyons cette charge donnée à une femme, Anne Gedoyn, dont la fille, Léonor Breton, en hérita et la porta, par son mariage, au sieur du Ganguier [1].

[1] Lettres de Charles IX pour la survivance de Léonor Breton *au gouvernement de la maison, chasteau et basti-*

A la fin de l'année 1545, François Ier visita, pour la dernière fois, Chambord, qu'il légua inachevé à son successeur.

Henri II, héritier de tous les goûts de son père, eut la même prédilection que lui pour le château de Chambord, et fit continuer les travaux sur les mêmes plans. On reconnaît facilement, à son chiffre et à celui de Diane de Poitiers, enlacés au croissant qui était à la fois sa devise et celle de la belle duchesse [1], les portions de l'édifice auxquelles il a travaillé.

Le 16 janvier 1552, Henri II ratifia, avec les princes allemands détachés du parti de Charles-Quint, un traité secret, conclu l'année précédente, et qui valut plus tard à la France les villes de Metz, Toul et Verdun [2].

---

ments de Chambort, en date du 8 septembre 1568 (Arch. municip. de Blois, Fonds Joursanvault). Ces lettres n'énoncent pas la quotité des *gaiges, droicts, proffcts, revenuz et esmolumens accoustumez.*

[1] Voyez la note de la page 16, et le mémoire de M. Ch. Lenormant sur une médaille de Catherine de Médicis, inséré dans la Revue Numismatique, année 1841, n° 5.

[2] De Thou, t. II, p. 89 de l'édit. de Londres.

La mort funeste et prématurée de Henri II empêcha que Chambord ne fût terminé, comme il l'eût été sans doute par ce prince.

Plusieurs ordonnances furent rendues à Chambord pendant les divers séjours de François II dans cette demeure, en 1553; mais elles sont sans grande importance historique [1]. L'une d'elles renouvelle la défense, sous les peines les plus sévères, de porter des pistolets et arquebuses.

Pendant sa régence, Catherine de Médicis, qui aimait beaucoup l'exercice du cheval et celui de la chasse, venait souvent à Chambord. Le soir, la reine, accompagnée d'astrologues, montait à la *Fleur de lys* (la campanille du grand escalier) *pour consulter nuictamment les cieux et les estoiles* [2].

Charles IX, qui aimait la chasse avec fureur, devait visiter souvent le lieu de France le plus favorablement disposé pour cet exercice. Ce fut

[1] Voir Isambert, Lois françaises, t. XIV, p. 12-14-16.
[2] Mém. cité par M. Vergnaud-Romagnési, Notice sur Chambord, p. 14.

là, dit-on [1], qu'il fit l'exploit de vénerie, célébré par Baïf, de forcer un cerf à course de cheval sans le secours de chiens. Voici quelques-uns des vers rocailleux de ce poète, qui, après avoir comparé le prince à Hercule et souhaité de pouvoir le placer au ciel, pour prix de sa victoire, sous la forme d'une constellation favorable aux veneurs, termine ainsi :

« Moi donc (ce que je puis), vous, mon grand roi, je chante,
» Avecque le cheval la beste trébuchante,
» Aux coups de vostre main. Sur un chesne branchu,
» Vouant du chef du cerf le branchage fourchu,
» Le roi Charles neuvième, et premier qui a vue,
» Sans meute, sans relais, à la beste recrue,
» Piquant et parcourant fait rendre les abbois,
» En consacre la teste à la dame des bois. »

Après la mort de du Gangnier, Charles IX, à l'imitation de son aïeul François Ier, donna aussi le gouvernement de Chambord à une femme, Léonor Breton, fille d'Anne Gedoyn et veuve de du Gangnier [2]. Dès-lors le gouvernement de

[1] Chambord, par M. Merle, p. 58.
[2] Voir la note de la page 52.

Chambord devint héréditaire, comme la plupart des charges de l'ancienne monarchie.

Charles IX avait continué les travaux de Chambord, mais ils étaient conduits bien plus lentement que du temps de Henri II, qui, lui-même, ne les pressait pas avec la même activité que son père. Les troubles toujours croissants et les embarras financiers qui en résultaient les firent cesser entièrement en 1571. On voit par les mémoires d'André Félibien, que la dépense faite depuis 1547, année de la mort de François Ier, jusqu'à l'année 1571, ne s'éleva qu'à la somme de 91,008 liv. 6 s. 5 d. tournois. Cette somme, réunie à celle dépensée par François Ier, forme un total de 535,578 liv. 12 s. 9 d. tournois, qui servit à mettre le château à peu près dans l'état où nous le voyons aujourd'hui, car les travaux faits depuis Charles IX ne furent appliqués, en général, qu'aux réparations les plus nécessaires [1].

---

[1] En tenant compte des variations survenues dans la valeur du marc d'argent, depuis la mort de François Ier, et calculant d'après un prix moyen de 15 fr., les 91,008

En 1575, eurent lieu, à Chambord, les premières négociations qui amenèrent l'édit de la paix, dite *paix de Monsieur*, ratifiée au mois de mai 1576, entre Henri III et son frère le duc d'Alençon, chef de ce parti des catholiques modérés, dont l'alliance avec les protestants suscita de si grands embarras à la politique de Henri. On sait que par cet édit le roi s'engageait à convoquer les États à Blois six mois après sa publication [1].

Le site agreste, les souvenirs de tournois et de vénerie du Château de Chambord ne pouvaient s'associer aux plaisirs efféminés et mystiques de la cour de Henri III qui visita rarement ce domaine.

Henri IV le négligea pour Fontainebleau et Saint-Germain; des motifs politiques l'enga-

---

liv. 6 s. 5 d. employés aux constructions de Chambord, depuis 1547 jusqu'en 1571, représenteront 330,056 fr, 80 c. Le total de la dépense, depuis 1526, équivaut à 2,057, 530 fr.

[1] L'Etoile, t. I, p. 138 de l'éd. 1744. — De Thou, t. VII, p. 295 de l'éd. de Londres.

geaient d'ailleurs à ne pas quitter le voisinage de la capitale pour les châteaux des rives de la Loire.

Louis XIII vint quelquefois à Chambord, et y commanda même plusieurs embellissements. Ce fut pendant un des séjours de la cour que s'y passa un fait qui peint bien la pruderie habituelle de ce prince. Il désirait lire une lettre qu'avait cachée dans sa collerette mademoiselle de Hautefort, à laquelle il témoignait un attachement aussi chaste que celui qu'il avait eu déjà pour mademoiselle de la Fayette. N'osant prendre la lettre avec sa main, il fut chercher des pincettes pour l'enlever sans scandale [1]. Le roi Henri IV, son père, y eût mis plus de délicatesse ou plus de brusquerie.

Louis XIII ayant donné, en 1626, le comté de Blois en augmentation d'apanage à Gaston d'Orléans, son frère, le domaine de Chambord en fit nécessairement partie, et il fut souvent habité par ce prince, surtout pendant les huit der-

---

[1] Chambord, par M. Merle, p. 59.

nières années de sa vie qu'il passa en exil dans son comté. Mademoiselle de Montpensier, sa fille, y vint dès son enfance, et a consigné ainsi, dans ses Mémoires, le souvenir naïf de sa première arrivée : « Une des plus curieuses et plus remar-
» quables choses de la maison, c'est le degré, fait
» d'une manière qu'une personne peut monter
« et l'autre descendre, sans qu'elles se rencon-
» trent, bien qu'elles se voient : à quoi Monsieur
» prit plaisir à se jouer d'abord avec moi. Il étoit
» au haut de l'escalier lorsque j'arrivai ; il des-
» cendit quand je montai, et rioit bien fort de
» me voir courir, dans la pensée que j'avois de
» l'attrapper : j'étois bien aise du plaisir qu'il
» prenoit, et je le fus encore davantage quand
» je l'eus joint [1]. » Elle était loin de se douter que ce château serait, trente ans plus tard, un des premiers témoins des commencements d'une passion qui devait remplir d'amertume les dernières années de sa vie.

M. Merle dit que ce fut à Chambord qu'elle

---

[1] Mémoires de mademoiselle de Montpensier, t. I, p. 14, de l'édit. d'Amsterdam, 1735.

avoua à son amant le sentiment qu'elle avait pour lui, en soufflant sur une glace et y écrivant le nom de *Lauzun* avec le doigt; mais c'est à Saint-Germain qu'elle voulut se servir de ce moyen, auquel elle renonça ensuite, préférant lui remettre une feuille de papier sur laquelle elle avait écrit ces mots : *C'est vous* [1]. On trouve encore dans l'écrit de M. Merle, écrit aussi recommandable par le style que par les sentiments qui l'ont inspiré, d'autres faits que nous n'avons pas reproduits dans le nôtre, parce que les sources auxquelles il les a puisés ne sont pas indiquées, et parce qu'il ne nous a pas paru bien démontré que plusieurs d'entre eux se soient passés réellement à Chambord.

Sous Louis XIII, parut le titre de capitaine-gouverneur de Chambord, que porta François de Johanne de la Carre, seigneur de Saumery, dans la famille duquel il resta pendant près de deux siècles. Les émoluments attachés à la charge s'élevaient à 610 liv., sous le premier des Saumery

---

[1] Mémoires de mademoiselle de Montpensier, t. VI, p. 102, de l'édit. d'Amsterdam, 1735.

qui en fut revêtu. Le gouverneur jouissait, en outre, du revenu des fermes, maisons et prés du parc, et d'une redevance considérable en bois [1].

Chambord ayant fait retour à la couronne, après la mort de Gaston, en 1660, fut plusieurs fois le théâtre des fêtes somptueuses que donnait la brillante cour de Louis XIV pendant son séjour dans les châteaux royaux. Une lettre en prose et en vers, adressée par Pélisson à mademoiselle de Scudery, contient une relation de celle qui eut lieu en 1668. Cette relation, peu intéressante, nous montre seulement que le style *précieux* n'était pas encore tombé devant les sarcasmes de Molière ; elle témoigne aussi de l'admiration ridicule des courtisans pour les moindres actions du roi,

---

[1] Archives du château de Saumery, à l'année 1630. — Arch. munic. de Blois, fonds Joursanvault, aux années 1644-49. — 610 l., d'après la valeur relative du marc d'argent, au commencement du règne de Louis XIV, peuvent représenter, environ 1,200 francs d'aujourd'hui.

prince trop grand pour avoir besoin d'être ainsi l'objet des insipides flatteries qui ne cessèrent de l'entourer pendant toute la durée de son règne. Voici les premières lignes de la lettre de Pélisson :

« Je suis persuadé, Mademoiselle, qu'on vous
» a écrit qu'il n'y a point de maison royale qui
» soit d'un dessin plus noble et plus magnifique
» que Chambord. Le parc et la forêt qui l'envi-
» ronnent sont remplis de vieux chênes, droits et
» touffus, qui ont été consultés autrefois. Si les
» anciens arbres n'avoient été condamnés par un
» jugement équitable à un éternel silence; si l'ob-
» scurité de leurs oracles et l'indiscrétion avec
» laquelle ils trahissoient les secrets des amants,
» n'avoient obligé les dieux à les réduire à servir
» seulement pour l'ombrage et la fraîcheur, il y a
» sans doute beaucoup d'apparence que ceux de
» Chambord parleroient plus clairement que de
» coutume, et qu'ils décideroient en faveur de ce
» qu'ils voient aujourd'hui, quoiqu'ils ayent
» eu l'honneur d'aider aux plaisirs de François Ier,
» dont la grandeur et la magnificence n'ont pu
» être surpassées que depuis quelques années. Le

» temps a été admirable, contre l'ordre des sai-
» sons [14 octobre], depuis que le roi est parti
» de Saint-Germain, etc. »

Ce fut pendant le séjour de la cour, en 1669, que la troupe de Molière représenta, pour la première fois, la comédie de *Pourceaugnac*.

Le Bourgeois gentilhomme fut également joué, pour la première fois, à Chambord, au mois d'octobre 1670. Les mémoires du temps racontent une anecdote assez piquante à ce sujet. Le roi, qui craignait de se laisser séduire par le jeu des acteurs, parut écouter la pièce avec beaucoup de froideur, et attendit une seconde épreuve pour dire son sentiment. Molière était désolé, les courtisans répétaient à l'envi qu'il baissait et que sa veine était épuisée; mais, en sortant de la seconde représentation, qui eut lieu cinq ou six jours après, le roi, expliquant la cause de son apparente froideur, fit publiquement ses compliments à Molière, qui ne savait comment se dérober aux félicitations dont il était accablé par toute la cour [1].

---

[1] Chambord, par M. Merle, p. 65.

Louis XIV vint pour la dernière fois à Chambord en 1684. Madame de Maintenon commençait à être en grande faveur ; elle avait une place dans la voiture du roi, tandis que madame de Montespan était dans une voiture de suite avec ses enfants. Ce voyage n'eut de remarquable que la mauvaise humeur des deux rivales qui le rendit fort ennuyeux [1].

C'est à tort, dit M. Merle, à qui nous empruntons la plupart de ces détails, que plusieurs historiens ont parlé du séjour que le roi y aurait fait, en 1700, lors du départ de son petit-fils pour aller prendre possession du trône d'Espagne. On voit par la relation de ce voyage, écrite par le duc de Bourgogne, son frère, que Louis XIV fit ses adieux au duc d'Anjou, dans le château de Sceaux. Philippe V et le duc de Bourgogne visitèrent seuls Chambord le 10 décembre.

Lorsqu'en 1712, après les succès du prince Eugène, la cour délibéra si elle quitterait Versailles pour se retirer derrière le rempart de la Loire, Chambord fut choisi comme le lieu le plus

---

[1] Chambord, par M. Merle, p. 66.

sûr et le plus central. Villars et la victoire de Denain rendirent ce projet inutile.

Louis XIV commença à Chambord divers travaux qui ne furent pas terminés ; il avait reconstruit, sur les dessins de Mansard, une partie des bâtiments qui ferment la cour du château. Le changement de style n'était pas de bon goût. Ces bâtiments ne furent pas élevés au-dessus du premier étage, et Mansard fit, dit-on, pour les toits, le premier essai de la forme que l'on a appelée depuis *en mansarde* [1].

Le château était abandonné depuis long-temps, lorsqu'en 1725, il devint l'asile du malheureux roi de Pologne, Stanislas Leczinsky. Le roi et la reine de Pologne y passèrent huit années dans la pratique de toutes les vertus. La paroisse de Chambord conserve, dans ses archives, des souvenirs touchants de la bonhomie de Stanislas. Dans un grand nombre d'actes de naissance, on le voit figurer comme parrain, et les gens du

---

[1] Chambord, par M. Merle, p. 73.

village perpétuent la tradition des visites paternelles que le bon roi faisait dans les chaumières de leurs aïeux, de l'intérêt qu'il prenait à leurs travaux et à leurs fêtes, et du plaisir qu'il avait à juger leurs différends.

La reine affectionnait beaucoup la petite chapelle située près des appartements de François Ier et qui, depuis, en a retenu le nom d'*Oratoire de la reine de Pologne*.

Stanislas planta le parterre dont on apperçoit à peine les traces. Il fit aussi combler les fossés, et nous avons remarqué déjà combien cette mesure, prise par un motif de salubrité, avait fait perdre de son effet à la façade du château [1].

Chambord, après le départ du roi de Pologne, en 1735, fut encore abandonné jusqu'au moment où il devint l'apanage du vainqueur de Fontenoy, vers la fin de l'année 1748. Le séjour de Chambord fut très brillant pendant les deux années que le maréchal jouit de sa dotation. Il y menait une vie toute militaire, faisait manœuvrer tous les jours ses deux régiments de hulans que le roi,

---

[1] V. plus haut, p. 3.

par une galanterie particulière, y avait envoyés tenir garnison. Il avait établi dans le parc un haras dont les chevaux vivaient en toute liberté [1].

Le maréchal avait fait arranger en salle de spectacle celle des grandes salles du donjon qui, au deuxième étage, regarde le côté de l'ouest. C'est là que Favart et sa troupe, qui avaient déjà suivi le maréchal pendant la guerre, donnaient des représentations auxquelles on arrivait de tous les lieux environnants, de Blois, de Baugency et

---

[1] Le parc de Chambord avait servi, depuis une haute époque, à l'élève des chevaux, car nous trouvons, dès 1400, un *garde des haras de Montfraut*, aux gages de cent sols par année. En 1403, Louis d'Orléans, *en considération de son joyeux avénement en la ville de Blois*, fit remise à Jean Beschebien, garde de la prévosté de cette ville, de la moitié de la somme de sept francs, qu'il devait pour prix d'une *jument poulaine* et d'un petit poulain, achetés par lui *au temps que l'on vendoit le haraz de Montfcraut*, attendu que ladite jument était morte... *et demoura son petit poulain, qui ne valoit pas plus de cinq sols quand la mère mourut.* (Arch. municip. de Blois, fonds Joursanvault.)

même d'Orléans. Madame de Pompadour alla passer quelques jours à sa terre de Menars, située de l'autre côté de la Loire, pour venir de là assister à une de ces représentations [1].

Les excès de tout genre que fit à Chambord le maréchal, déjà malade lorsqu'il y arriva, le conduisirent promptement au tombeau. Louis XV lui fit rendre des honneurs sans exemple jusqu'alors, et son corps, après avoir été embaumé, fut transporté à Strasbourg, où le roi lui fit élever le magnifique monument qui passe pour le chef-d'œuvre de Pigalle.

On raconte encore dans le pays un grand nombre d'anecdotes, plus ou moins authentiques, sur le séjour du maréchal de Saxe; on peut en lire plusieurs dans l'intéressant ouvrage de M. Merle, pages 71 et suivantes. En voici une, négligée par cet auteur :

Le maréchal, qui tenait à Chambord un état tout-à-fait royal, désirait beaucoup user d'une prérogative réservée ordinairement à la couronne, c'était d'avoir une sentinelle dans l'inté-

---

[1] Merle, p. 6.

rieur de ses appartements; il imagina de faire écrire sur la porte placée entre la salle à manger et le salon: *Caisse militaire*, et sous prétexte de garder la prétendue caisse, il fit poser la sentinelle tant désirée.

Après la mort du maréchal, Chambord resta encore quelque temps la propriété du comte de Friesen, son neveu, après quoi il fit retour à la couronne.

En 1783, le gouvernement de Chambord fut enlevé aux Saumery, pour être donné au marquis de Polignac dont la famille était toute puissante alors. Le marquis de Saumery, qui n'avait pas mérité cette disgrâce, se retira dans son château, situé à une lieue de Chambord, sur la route de Blois, et habité aujourd'hui par son petit-fils [1].

---

[1] Quand Louis XV donna au maréchal de Saxe le domaine de Chambord, il conserva au marquis de Saumery, oncle de celui dépossédé plus tard par M. de Polignac, les *titres, honneurs, prérogatives, appointements,* de capitaine et gouverneur. En 1783, ce dernier reçut une pension de 15,000 livres pour *cession faite à S. M. de la jouissance*

Après la révolution de 89, la haine qui poursuivait les favoris de la couronne ne permit pas à la famille de Polignac de rester long-temps à Chambord; elle le quitta au commencement de l'année 1790.

En 1793, le district de Blois ordonna la vente du riche mobilier de Chambord, qui fut livré aux fripiers accourus de tous les coins de la province. Toutes les merveilles des arts, que dix règnes avaient accumulées, furent dispersées en peu de jours; on arrachait jusqu'aux lambris

du château et du parc de Chambord. (Arch. du château de Saumery.) — Le bonhomme Bernier, historien du Blésois, a naïvement exprimé, à l'égard d'Antoine de Saumery, gouverneur sous Louis XIV, des sentiments qui sont restés héréditaires dans le pays, comme les qualités de la famille qui les avait inspirés : « C'est à Chambord, » dit-il, que M. de Saumery fait sa résidence ordinaire, » quoy qu'il puisse très commodément résider dans sa » terre, y vivant en homme de sa qualité et faisant toutes » choses d'une manière si noble, si franche et si obli- » geante qu'elle luy attire l'estime et la considération de » tous les honnestes gens » (Hist. de Blois, p. 85.)

qui garnissaient les murailles, jusqu'aux parquets des appartements, jusqu'aux volets des fenêtres, jusqu'aux chambranles des cheminées..... Les portes de l'intérieur, si riches d'ornements, étaient jetées dans le brasier, allumé dans la salle d'adjudication avec les cadres des tableaux, déchirés souvent avant d'être vendus. Les chambranles, que l'on voit encore à quelques cheminées, fendus par la violence du feu qui éclaira cette scène de vandales, ont dû leur conservation à cette circonstance. Le *seul* meuble qui soit resté est un souvenir de mort ; c'est la table de pierre de Liais sur laquelle fut embaumé le corps du maréchal de Saxe.

Quelques débris du mobilier royal ont heureusement été achetés par des propriétaires des environs et sont restés dans le pays. Ainsi M. de Bagieu, conserve religieusement, dans le joli château des Croteaux, situé près de Chambord, de magnifiques tapisseries de Flandres et d'autres pièces d'ameublement précieuses. Dieu veuille que le château et les meubles soient toujours protégés par le pieux souhait du fondateur des Croteaux, Guillaume Ribier, souhait inscrit sur la façade qui regarde la rivière du Cosson et que nous appliquerons aussi à Chambord :

PERENNET VT AMNIS [1] !

Plusieurs mois après cette dévastation, il vint uu membre du directoire du département pour faire disparaître *toutes les fleurs de lys et les insignes de la royauté qui se trouvaient dans les ornements du château.* C'était presque ordonner une démolition. Aussi ne fut-il pas difficile à M. Marie, architecte du château, de présenter un devis de plus de cent mille francs pour cette opération. Cette heureuse idée évita un nouvel acte de vandalisme ; on se contenta de mettre le domaine en vente, et heureusement il ne se présenta pas d'acheteurs.

Napoléon, dont le génie se sentait la force de continuer toutes les gloires de la nation française, arriva à temps pour le sauver, en le met-

---

[1] *Qu'il dure autant que le ruisseau.*—G. Ribier, député de Blois aux États de 1614, a laissé un recueil de *Lettres et Mémoires d'Estat*, imprimés à Blois, après sa mort, par son neveu, Michel Belot, dont les Belot de Laleu et les Belot de Rocon sont aujourd'hui les descendants directs.

tant sous la protection de la Légion-d'Honneur ;
c'est ainsi qu'il arracha alors à leur ruine, par ce
glorieux patronage, un grand nombre des édifices
remarquables de la vieille France. Chambord
fut désigné comme chef-lieu de la 15ᵉ cohorte
de la légion commandée par le général Augereau. Le général y vint peu de temps après, ordonna quelques réparations urgentes et fit assainir le lit du Cosson. Plus tard, on conçut le
projet d'établir à Chambord la maison d'éducation, décrétée après la bataille d'Austerlitz, pour
les Orphelines de la Légion-d'Honneur; mais ce
projet fut abandonné à cause des grandes dépenses qu'il eût entraînées.

Le même motif empêcha l'empereur d'y fixer
la résidence des princes d'Espagne ; mais il ne
vint point visiter lui-même le château, comme le
dit M. Merle; il y envoya son architecte Fontaine, qui porta le devis d'ameublement et de
réparations à neuf millions. Enfin Chambord fut
détaché de la dotation de la Légion-d'Honneur,
le 28 février 1809, et réuni au domaine de la
couronne.

M. Merle suppose, avec beaucoup de vraisemblance, que Napoléon, en donnant, peu de temps après, le domaine de Chambord au prince de Wagram, avait encore plus en vue de récompenser l'habile négociateur de son mariage avec la *fille des Césars*, que les services militaires de son chef-d'état-major. Dans son enthousiasme pour la réussite d'un projet dont les conséquences semblaient alors devoir être immenses, l'empereur joignit à ce don 500,000 fr. de rentes sur le produit de la navigation du Rhin. Une des conditions de la dotation, l'emploi de tous les revenus à la restauration du château, ne fut pas exécutée. Le prince de Wagram n'y passa que deux jours dans toute sa vie, en 1810, pendant lesquels il ordonna d'abattre pour 200,000 francs de vieux chênes, dont quelques-uns étaient contemporains de François Ier, donna le nom de sa fille, Lina, à la ferme du Domaine, et commença la restauration du château en faisant placer ses armes sur le manteau des cheminées [1].

[1] Ces écussons ont été remplacés par les armes de France lorsque M. le duc de Bordeaux est devenu pro-

Chambord, malgré les nobles intentions de Napoléon, resta abandonné jusqu'en 1814. A l'époque de la fuite du gouvernement impérial à Blois, la cour avait le projet de se retirer de l'autre côté de la Loire, et de faire couper les ponts d'Orléans, de Baugency et de Blois. On envoya à l'avance une partie des équipages à Chambord; la voiture du sacre était dans la cour du donjon. La princesse de Wagram vint s'établir pendant quelques jours au château.

Après la Restauration, et lorsque la princesse perdit la dotation sur la navigation du Rhin, elle chercha à tirer le parti le plus avantageux du domaine de Chambord : elle avança les coupes

---

priétaire de Chambord.— Le bâtiment de la ferme du Domaine succède à une ancienne construction appelée autrefois l'*Hôtel Montmorency*, qui avait été élevée sur un terrain donné par Charles IX à Anne de Montmorency, le 2 octobre 1563, moyennant une redevance de 12 deniers de cens. Cet hôtel, à la mort d'Anne, échut au prince de Conti, qui le vendit, par acte du 22 avril 1664, à Jacques de Johanne de la Carre, marquis de Saumery, grand bailly de Blois (Arch. du chât. de Saumery).

de bois, défricha des taillis, et finit par louer, pour deux ans, le château et le droit de chasse, à raison de 4,000 francs par an, à un riche Anglais, à mœurs grossières, qui fit souvent retentir les voûtes de Chambord du bruit de ses orgies.

Enfin la princesse de Wagram, s'apercevant que la possession de Chambord, sans la dotation des 500,000 francs, était trop onéreuse, obtint l'autorisation de vendre ce domaine, non sans de grandes difficultés, car la condition la plus expresse de la dotation : *de rendre au château son ancienne splendeur*, n'avait pas été remplie, et le cas de retour à la couronne avait été prévu par le décret. L'autorisation fut cependant accordée, malgré des avis qui conciliaient tout; c'était que l'état reprît Chambord, à la charge de créer une inscription produisant un revenu égal à celui du domaine. Le 11 août 1819, Louis XVIII, craignant de fournir des armes aux partis, en permit l'aliénation. Il fut mis en vente en 1820, et déjà la *Bande noire*, qui avait flairé le monument, commençait à s'abattre sur les plombs, quand une inspiration vraiment française sauva Chambord. M. le comte

Adrien de Calonne proposa une souscription à toutes les communes de la France pour racheter l'ancien héritage de ses rois, et l'offrir à leur dernier rejeton. Cette noble pensée fut comprise, et la France rendit à celui qu'elle appelait alors son enfant, le domaine de ses pères, aliéné par le malheur des temps. Une commission s'était organisée pour réunir les souscriptions, et le 5 mars 1821, le domaine fut adjugé, au prix d'un million 542,000 fr., à M. le comte Adrien de Calonne, représentant la commission, *pour en être fait hommage,* porte l'acte de vente, *au nom de la France, à S. A. R. Mgr. le duc de Bordeaux, au profit duquel le domaine est en conséquence acheté dès à présent.*

Cette souscription a été jugée diversement : le gouvernement d'alors fut accusé, et l'est encore aujourd'hui, de l'avoir fait ouvrir par un ordre ministériel, et de l'avoir imposée à tous les fonctionnaires publics. Sans doute quelques chefs d'administration, quelques officiers supérieurs, croyant se faire un titre d'avancement auprès des ministres, usèrent de leur influence dans certaines occasions où l'élan n'était pas

spontané; mais alors ils agissaient de leur propre mouvement. Le ministère, loin d'être favorable à la souscription, s'exprimait ainsi, en annonçant l'intention formelle de ne laisser exercer aucune intervention de la part du gouvernement : « Des dons qui ne sont acceptables que
» parce qu'ils sont spontanés, paraîtraient peut-
» être commandés par des considérations qui
» doivent être étrangères à des sentiments dont
» l'expression n'aura plus de mérite si elle n'est
» entièrement libre [1]. » C'est un fait bien connu que l'opinion du ministère fut entièrement partagée par les rois Louis XVIII et Charles X, et qu'en 1829 la commission de Chambord ne savait pas encore si son offre serait acceptée.

Maintenant, mettant de côté les sentiments politiques, nous demanderons si tout homme, ami de l'art et de l'histoire, ne doit pas rendre grâce à l'heureuse inspiration qui a valu la conservation de l'un des édifices les plus remarquables de la Renaissance, et l'un des plus historiques de

---

[1] Rapport au roi par M. le comte Siméon, ministre de l'intérieur, Paris, 20 décembre 1820.

France? Il n'est personne qui ne s'apitoie sur la ruine des monuments de la Grèce et de Rome, il n'est si mince voyageur qui n'ait trouvé des paroles éloquentes contre les dégradations de lord Elgin et les boulets des Turcs empreints aux murs du Parthénon; mais l'on voit sans sourciller, que disons-nous? avec une secrète joie, peut-être, tomber nos monuments, à nous, non sous le canon de nos ennemis, mais par la main des révolutionnaires, ou sous le marteau d'un obscur spéculateur. *Assassins!* disait un Anglais emportant les bas-reliefs de Jumièges, *vous vous plaignez des voleurs!...* Ne faut-il pas déplorer l'aveuglement causé par les passions politiques, quand un homme, dont l'esprit et le style sont vantés, laisse tomber de sa plume cette phrase, qui, selon l'expression de M. Merle, serait convenablement placée dans la bouche d'un Goth ou d'un Vandale? « Je fais des vœux pour la bande
» noire, qui, selon moi, vaut bien la bande blan-
» che, servant mieux l'état et le roi. Je prie Dieu
» qu'elle achète Chambord[1]. »

[1] Simple discours de Paul-Louis [Courrier], vigneron de la Chavonnière, Paris, 1821.

La commission de Chambord avait eu le projet de restaurer le château, avant de le remettre au duc de Bordeaux; mais l'insuffisance des revenus la força d'y renoncer. Le conseil général de Loir-et-Cher s'était associé à l'idée de la commission en demandant, en 1821, que les deux forêts de Boulogne et de Russy, dépendant jadis de l'apanage de Blois, fussent réunies à Chambord, pour que le revenu du domaine répondît à l'importance du château et permît de le rétablir entièrement; mais la Chambre de 1825 passa à l'ordre du jour sur cette demande.

Charles X, craignant de paraître intervenir dans la question de Chambord, eut beaucoup de peine, en 1828, à permettre à madame la duchesse de Berry de s'arrêter au château pendant le voyage qu'elle allait faire dans la Vendée. Elle y fut reçue, le 18 juin, par sept à huit mille personnes, venues de tous les côtés du Blésois, qui voyaient avec joie, dans cette visite, l'assurance que le château ne serait pas détruit, et que le domaine serait accepté par le roi au nom de son petit-fils. La duchesse de Berry apprécia parfaitement tous les genres d'intérêt qui se rattachent au monument, et prit plaisir à consigner le souvenir de sa venue de la même manière que les nombreux visiteurs qui l'avaient précédée, en inscrivant son nom, avec la pointe d'un couteau, sous la coupole du grand escalier. La princesse posa ensuite la première pierre de la restauration de Chambord, sur la terrasse de l'oratoire [1]. Les événements politiques qui se préparaient devaient encore détruire ce projet, que M. Pinault, architecte de la ville de Blois, avait très bien compris. Son plan, en réduisant le château aux constructions de François Ier et de Henri II, reproduisait le magnifique développement de la façade du midi, aujourd'hui masquée par les bâtiments qui ferment les cours, et dont la démolition aurait couvert une partie de la dépense à faire pour le rétablissement du reste de l'édifice [2].

[1] Une brochure publiée alors par la commission, sous le titre d'*Échos de Chambord*, renferme un compte-rendu détaillé de la visite de madame la duchesse de Berry : ce fut l'occasion de la première rédaction de cette Notice, qui fut offerte en manuscrit à la princesse.

[2] V. la vignette placée en regard du titre.

Le 7 février 1830, la commission de Chambord fit solennellement la remise du domaine à Charles X, qui l'accepta au nom de son petit-fils; ce fut chez le duc de Bordeaux que, le 12 mai de la même année, furent reçus les princes de Sicile et la duchesse de Berry, revenue avec eux visiter Chambord. La demeure royale est retombée depuis dans cette solitude profonde qui ajoute encore à la tristesse naturelle du site, « tristesse qui sied bien du reste, on vient de le » dire, à l'habitation d'un prince banni du pays » que ses aïeux ont porté au plus haut degré de » puissance et de splendeur[1]. »

Pendant cette visite, qui devait être un adieu, madame la duchesse de Berry dit à M. le comte de Calonne, nommé par le roi Conservateur de Chambord : « Monsieur, il ne faut pas distraire » un denier du revenu de la propriété; tout doit », y être dépensé en améliorations, et pour le » bien du pays. » Ce vœu a été religieusement accompli. Depuis cette époque, une somme de 50 à 60 mille francs assure chaque année le tra-

[1] Notice historique sur le château de Beauregard, par M. le duc de Dino, p. 9, in-4°, 1841, Curmer.

vail de deux à trois cents familles d'artisans, et répand l'aisance parmi elles. Par les soins de M. de Calonne, secondé de M. Bourcier, régisseur du domaine, la totalité des maisons du village a été reconstruite, la plus grande partie des toits et des charpentes du château a été renouvelée, une chapelle a été ajoutée à l'église, une école a été établie; plus de deux mille hectares de terre, où ne croissaient que des genêts et des bruyères, ont été plantés en glands, châtaignes, bouleaux et sapins de différentes espèces; vingt mille mètres de routes et allées plantées d'arbres ont été exécutés; on a creusé autant de mètres de fossés d'assainissement; le Cosson, qui parcourt le domaine dans une étendue de trois lieues, a été curé à fond; la Sologne s'arrête maintenant aux murs du parc. La population de la commune, dont le bien-être moral et matériel va s'améliorant sans cesse, a presque doublé depuis que Chambord est devenu la propriété du duc de Bordeaux. Etait-il possible d'user d'une plus noble manière du don généreux que la France avait fait au prince?

La Révolution de juillet a laissé à Chambord

quelques traces de son passage. La panique de février 1831 ayant fait entreprendre une croisade contre les fleurs de lys, l'administration locale fut obligée de défigurer la grande fleur de lys de l'escalier; et comme il était permis de se méfier des connaissances historiques des briseurs d'insignes royaux, on fut obligé également de faire disparaître les H conronnés de Henri II, dans la crainte qu'ils ne fussent attribués à Henri V.

Mais voici une attaque plus sérieuse contre le domaine de Chambord. Le gouvernement de juillet, s'autorisant du titre d'*apanage* donné à ce domaine dans différentes transactions, quoiqu'il ne fût pas énoncé dans le procès-verbal de remise et dans l'acte d'acceptation de Charles X, le fit mettre sous le séquestre, et en prit possession, au nom de l'état, le 5 décembre 1832. Cette possession lui fut juridiquement adjugée par une sentence du juge de paix de Bracieux. Mais, sur l'appel de madame la duchesse de Berri, l'affaire fut portée en dernier ressort au tribunal de Blois, qui donna, à cette occasion, un exemple mémorable de l'indépendance des fonctions de magistrat. Ayant à prononcer entre un prince sur le trône et un autre qui en était tombé, le tribunal, oubliant les qualités des parties, déclara l'état non-recevable dans ses prétentions, par jugement du 19 février 1834, qui réintégra le duc de Bordeaux dans la *possession* de Chambord.

Bientôt l'état, renonçant à se pourvoir contre ce jugement, dont la rédaction est un chef-d'œuvre de clarté et de raison, résolut d'attaquer au fond la question d'apanage, et revendiqua formellement la pleine *propriété* du château et de ses dépendances. Le tribunal civil de Blois était saisi de la question, dont la solution semblait prochaine, lorsque le procureur du roi souleva d'office une fin de non-recevoir, résultant de ce que M. le marquis de Pastoret ayant été irrégulièrement investi de la tutelle de M. le duc de Bordeaux, celui-ci ne se trouvait pas valablement représenté. Le tribunal avait adopté les conclusions du ministère public; mais, sur l'appel interjeté par les deux parties, la cour royale d'Orléans infirma la décision des premiers juges et renvoya la connaissance du procès au tribunal civil de cette ville. Devant ce tribunal, l'état, soutenait : 1° que le domaine était inaliénable dans les mains du jeune prince de Wagram, et que conséquemment il n'avait pu être valablement vendu ; 2° qu'en tout cas, il avait été donné à M. le duc de Bordeaux et reçu en son nom à titre d'apanage, et que l'extinction s'en était opérée au profit de l'état par suite des événements politiques de 1830. Ces prétentions furent repoussées par un jugement que la cour royale d'Orléans confirma le 4 mai 1839. Cette décision ne devait point terminer le litige : il fut déféré à la cour de cassation.

M. le procureur général Dupin, dans de savantes conclusions, envisagea l'affaire sous toutes ses faces, et il n'eut pas de peine à démontrer la faiblesse des moyens de la régie, dont l'action, suivant les expressions de l'impartial magistrat, ne s'appuyait *que sur les motifs les plus futiles.*
« M. le duc de Bordeaux, disait en terminant
» M. Dupin, n'apparaît ici que comme un mi-
» neur ordinaire défendant son patrimoine privé.
» Heureusement pour lui, le titre honorifique
» d'apanage n'a point pesé sur sa terre; s'au-

» toriser de ce titre mensonger pour la lui enle-
« ver, ce serait une confiscation contraire à nos
» lois, à nos mœurs. » Ces conclusions ne pouvaient manquer d'être accueillies par la cour, qui,
par arrêt du 3 février 1841, rejeta le pourvoi.

La propriété du domaine est donc maintenant
irrévocablement consolidée entre les mains du
prince. Mais, conformément aux dispositions ri-
goureuses de la loi réactionnaire du 10 avril
1832, l'aliénation devra en être opérée dans le
délai de deux ans, qui ont commencé à courir
du jour de l'arrêt de cassation.

Préoccupé des conséquences de cette aliénation, M. de Sourdeval, dans un écrit publié ré-
cemment, a discuté avec beaucoup de talent les
moyens de prévenir la destruction de Chambord, et il met en première ligne la fondation
d'un Institut agricole par le gouvernement qui se
rendrait adjudicataire du domaine [1].

Les bornes de cette notice nous empêchent de

---

[1] Lettre à M. de la Saussaye sur les moyens de prévenir la destruction de Chambord, au t. XXI des Annales
de la Soc. acad. d'Indre-et-Loire, p. 10 et suiv.

donner les développements de cette proposition; nous ne pouvons d'ailleurs préjuger rien sur les questions de vente et d'achat du domaine de Chambord. S'il trouve, comme nous le croyons, un propriétaire conservateur, il est possible que les vues de M. de Sourdeval, soient utilement suivies, elles sont certes du nombre de celles qui peuvent conquérir aux vieux châteaux une popularité que les idées répandues par nos révolutions ont rendue nécessaire.

Il semble que toutes les fois que ce beau domaine se trouve menacé, les visiteurs y affluent plus que de coutume. Il n'est pas de voyageur des rives de la Loire qui ne veuille se détourner un moment de sa route pour aller passer une matinée à Chambord. On craint de perdre une occasion irréparable de visiter un monument riche de tant de souvenirs d'histoire et d'art, dont la vue excite tant d'impressions diverses, auxquelles se mêle aussi un sentiment indéfinissable qu'inspire l'incertitude de ses destinées à venir.

www.ingramcontent.com/pod-product-compliance
Lightning Source LLC
LaVergne TN
LVHW050628090426
835512LV00007B/729